Para Guillem, Raquel, Sonia,
Carlota, Joaquim, Ignasi, Judith,
Gema, Ferran, Rosa, Toni y Geni...

Y para mamá y papá

© del texto: Mònica Peitx, 2020
© de las ilustraciones: Cristina Losantos, 2020

© EDITORIAL JUVENTUD, S. A., 2020
Provença, 101 - 08029 Barcelona
info@editorialjuventud.es
www.editorialjuventud.es
Traducción de Raquel Solà

Primera edición, 2020

ISBN: 978-84-261-4656-4

DL B 5310-2020
Núm. de edición de E. J.: 13.890

Printed in Spain
Impreso por Gráficas 94, Berguedà, 4-6, Sant Quirze del Vallès (Barcelona)

MÒNICA PEITX

MÍA Y BRUNO CRECEN SANOS

PARA SABER MÁS SOBRE LA NUTRICIÓN Y LA OBESIDAD INFANTIL

Soy Bruno y tengo 7 años

Ilustraciones de CRISTINA LOSANTOS

JUVENTUD

Bruno tiene 7 años, está en segundo de primaria
y le gusta mucho ir a la escuela.
Hoy está triste porque en el recreo Carlota,
una niña de su clase, le ha llamado «vaca».

No es la primera vez que alguien se ríe de su barriga, pero hoy le ha dado tanta rabia que se ha echado a llorar. Su amigo Pablo lo ha visto y se lo ha contado a la maestra.

La maestra los ha hecho entrar del recreo antes de tiempo. Le ha pedido a Carlota que explicara delante de toda la clase lo que sabía sobre las vacas. Ella se ha puesto muy nerviosa y colorada y no ha sabido decir casi nada. Algunas de sus amigas se han reído.

Resultado: la maestra les ha puesto un trabajo sobre este animal, y tendrán que exponerlo el viernes en clase.

Pero la cosa no ha terminado aquí. La maestra también ha hecho salir a la pizarra a las tres niñas que se reían: Paula, que nació en China y dibuja muy bien, Marta, que lleva gafas y le gustan los caballos, y Alejandra, que es muy alta y juega superbién al baloncesto.

Desde hace un par de años, y aunque coma más o menos como los demás niños, a Bruno le han crecido bastante la barriga y los muslos.

En clase de educación física, cuando hacen carreras siempre queda de los últimos, se pone rojo y suda mucho.

Si en el recreo juegan al fútbol, hace de portero, porque no es muy rápido corriendo y se cansa un poco.

Aunque su madre,
como la maestra,
le diga que cada niño
es distinto…

¡Esto es muy pequeño!
¡No quepo!

… él ve que se preocupa
cuando les cuesta
encontrar pantalones
de su talla.

Hoy su padre y su madre han llegado tarde del trabajo y han decidido pedir una pizza. A todos les encanta, sobre todo a Mía, que siempre quiere el trozo más grande. Mía es la hermana mayor de Bruno, tiene 9 años.

Mamá se ha dado cuenta de que Bruno estaba muy serio, y cuando se han sentado le ha preguntado si le pasaba algo. Primero le ha dado un poco de vergüenza, pero después les ha explicado lo que había pasado en la escuela.

En la consulta pesan a Bruno, lo miden, le escuchan los ruidos del corazón y le miran la garganta y las orejas con una linternita. También les hacen muchas preguntas:

¿Cómo van la escuela y los amigos?
(Mamá le explica lo que le pasó ayer)

¿Qué actividades extraescolares hace?

¿Hace caca cada día?

¿Qué come?

La doctora introduce todos los datos en su ordenador y lo dibuja en una gráfica con líneas de colores.

¿Cuánto tiempo pasa delante de una pantalla?

¿Cuántas horas duerme? ¿Ronca?

¿Cómo son los abuelos?

¿Qué enfermedades ha tenido la familia?

El cuerpo humano está preparado para guardar
energía para cuando no podamos comer.
Por suerte, nosotros hemos nacido en una zona
del mundo donde tenemos abundancia de alimentos
y podemos comer varias veces al día.

La energía que no consumimos
se va acumulando en forma de grasa
debajo de la piel y también
en el interior del cuerpo.
Esta grasa pesa, se acumula en la barriga,
molesta en la cintura y tenemos que
transportarla a todas partes,
y eso hace que nos cansemos más.

¡Es como ir siempre con
una mochila encima, Bruno!

Los médicos lo llamamos <u>sobrepeso</u> u <u>obesidad</u>, según la cantidad de energía guardada. Es un problema que tienen casi un tercio de los niños en nuestro país.
Y si no la solucionamos en la infancia, nos puede causar problemas más graves cuando seamos mayores.

¿Qué problemas?

Pues enfermedades como la diabetes, la presión de la sangre alta, problemas con los huesos por transportar tanto peso...

¡Tenemos que comer lo que gastamos!

La doctora continúa:

Cada persona gasta cierta cantidad de energía cuando
está sin hacer nada, a eso se le llama metabolismo basal.
Si habláramos de coches, es lo que consumiría con el motor
en punto muerto, sin moverse de sitio. Hay personas que
gastan menos energía y personas que gastan más.
Seguro que tenemos algún amigo que come mucho y sin
embargo está muy delgado...

Igual que hay coches que consumen más gasolina que otros, con los humanos sucede lo mismo, y ya viene determinado cuando nacemos, igual que el color de nuestra piel.

9 litros/100 km

4 litros/100 km

Imagínate que...

Vamos a poner gasolina al coche y, además de llenar el
depósito, nos llevamos un bidoncito de gasolina por si algún
día la necesitamos, y lo guardamos en el portaequipajes.
Y cada vez hacemos lo mismo, compramos más gasolina de
la que necesitamos y vamos llenando el maletero con
los bidones de reserva.

¿Al final qué pasará?

Pues que el coche irá demasiado cargado
por un exceso de bidones de reserva.
Estas reservas son la grasa.

Los médicos no sabemos cambiar la cantidad de energía que gasta cada uno, y que, como he dicho, ya viene determinada al nacer, como el color de los ojos; pero sí sabemos algunas cosas:

Si hacemos ejercicio, gastamos más energía que si nos quedamos sentados en el sofá mirando una pantalla.

Cuando estamos despiertos gastamos más energía que cuando estamos durmiendo.

En invierno, necesitamos más energía para calentar el cuerpo

Cuando estamos creciendo gastamos más energía.

Las mujeres, cuando están embarazadas, necesitan más energía.

Los humanos, para cargarnos de energía, comemos.
Con la misma cantidad, hay alimentos que nos aportan
mucha energía y otros que nos aportan menos.

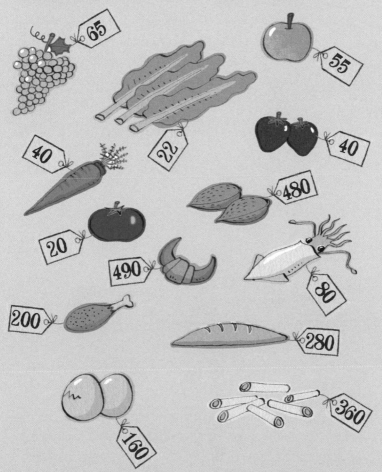

Medimos la energía que aporta cada alimento en <u>calorías</u>. No
es lo mismo comer 100 gramos de fresas que 100 gramos de
almendras. Las fresas aportan menos energía que las almendras.
Aunque ambos alimentos son muy sanos y muy ricos.

Normalmente comemos según el hambre que tenemos, pero no es tan sencillo. A veces comemos porque estamos aburridos, nerviosos o tristes. O comemos con la vista, como se dice a veces...

—¿Comemos con la vista? —pregunta Bruno, extrañado.

Los fabricantes de alimentos quieren que compremos sus productos. ¿Y cómo lo hacen? Con la publicidad, que hace que los conozcamos y que nos den ganas de comprarlos y comerlos. Los anuncios tienen música agradable y en ellos vemos personas guapas y contentas que comen sus productos.

¡Y si están envueltos en papel bonito o además nos regalan algo, como por ejemplo un cromo, aún nos atraen más!

También hay alimentos, como las patatas chips
o las palomitas, que son crujientes. A nuestra boca le gusta
mucho esta sensación y hace que no podamos parar de comerlos,
aunque ya no tengamos apetito.

Son hambres distintas, el <u>hambre de barriga</u>,
porque el cuerpo necesita energía, y el <u>hambre de cabeza</u>.

La doctora les explica que Bruno debería comer más fruta y verduras cada día: cinco raciones en total. Le ha enseñado una lista de verduras para que busque las que le gustan, y también ha hablado de las muchas maneras que se pueden cocinar. Por ejemplo, EL CALABACÍN: en crema, al vapor, con tortilla, con espaguetis...

La fruta me gusta, pero las verduras...

Papá y mamá, Bruno y la doctora se ponen de acuerdo en fijar un rato de pantallas cada día, porque a veces podemos quedarnos enganchados a ellas y no nos queda tiempo de hacer nada...

También buscan opciones para moverse más: de
momento, deciden que Bruno subirá los tres pisos
de su casa a pie y volverá de la escuela andando.

Y una vez en casa:

¡escaleras arriba!

Papá también sube
a pie y terminan
resoplando
los dos.

Hoy ha venido Sonia a la escuela. Es experta en alimentos, una dietista nutricionista, y la que decide los menús del comedor. Ha estudiado para saber lo que se debe comer en cada edad, cuando tienes alguna enfermedad, o si haces mucho deporte... Ha traído una **Pirámide de alimentos** y nos ha preguntado:

¿Alguien sabría decirnos qué hay en la parte inferior de la pirámide, en la base?

Los alimentos que debemos comer cada día, como las frutas y las verduras.

Arriba tenemos los alimentos procesados,
como los helados, las galletas, los refrescos,
los embutidos, los cruasanes, los aperitivos de
bolsa, las salsas, las golosinas, los zumos...

Son los
EXTRAS.

Los expertos dicen que tenemos
que comerlos solo de forma ocasional,
una o dos veces a la semana, por
ejemplo, el fin de semana.

Luego nos ha dibujado un plato y ha pintado con colores las proporciones para una comida saludable:

Mía, que es mayor, este curso ha estudiado en clase de ciencias otra forma de clasificar los alimentos:

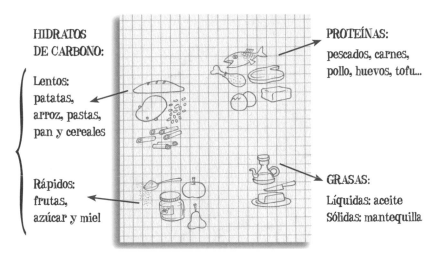

HIDRATOS DE CARBONO:

Lentos:
patatas,
arroz, pastas,
pan y cereales

Rápidos:
frutas,
azúcar y miel

PROTEÍNAS:
pescados, carnes,
pollo, huevos, tofu...

GRASAS:
Líquidas: aceite
Sólidas: mantequilla

Pero no es tan sencillo, porque algunos alimentos, como las legumbres, contienen hidratos de carbono lentos y también proteína.

Por eso
la abuela dice
que son tan buenas
para el cuerpo.

Hoy es sábado y han ido al mercado todos juntos.
Puesto que ya habían planificado el menú de
la semana, han hecho una lista con todo lo que
necesitaban. Han comprado pescado, carne, huevos

y sobre todo muchas frutas y verduras, que es
lo que se debe comer más. Bruno quería golosinas,
pero mamá le ha recordado que el miércoles
tiene la fiesta de cumpleaños de Carlota y
seguro que habrá algún extra...

Este domingo irán a comer con los tíos y los primos a una casa en el campo. ¡Mía y Bruno están encantados!

Llevaremos una pelota, y así, mientras los mayores hablan y toman café, nosotros podemos hacer un partidito...

Tía María ha encontrado a Bruno muy alto y cambiado, y Max, su primo mayor, ha visto que corre más deprisa.

Ya ha pasado un mes y vuelven a la consulta.
—¿Cómo ha ido? —pregunta la doctora.
—¡Muy bien! —dice Bruno—. No he pasado nada
de hambre y he descubierto que comer sano
es divertido.

El chocolate es uno de esos alimentos
que con muy poca cantidad nos da mucha energía.
Algunos tipos de chocolate llevan mucho azúcar, y
después de comerlo debes lavarte bien los dientes.

Papá ha encontrado la solución:

—¿Qué te parece si comes pan con chocolate
los miércoles cuando te viene a buscar
el abuelo para ir al fútbol?
Y los sábados para desayunar podemos
hacer yogur con nueces y trocitos
de chocolate negro…

Bruno,
¿te ha gustado
la merienda?

Bruno aún tiene un poco
más de barriga que sus
compañeros, pero está muy
contento porque ahora ya
no queda el último cuando
corren en el patio, y algún día se ha puesto de defensa
cuando jugaban a fútbol.

También ha aprendido cosas sobre los alimentos y
nuestro cuerpo que le servirán para cuidarlo mejor.

Toda la familia ha salido ganando:
saben que es importante comer
con la mesa bien puesta y
sin ninguna pantalla.
Mía, que ya se está haciendo mayor,
está contenta porque al comer más
sano le han desaparecido unos
granitos que tenía en la cara.

Papá, que a veces le cuesta hacer cacas,
ahora está mucho mejor de la barriga.

«Debe de ser la fibra», piensa Bruno.

Él sigue subiendo las escaleras a pie cada
día y ahora ya no se cansa. A veces,
incluso mamá le acompaña,
¡aunque ella sí que
resopla!

Hoy es la fiesta de Carlota. Han decorado el patio y preparado una merienda: brochetas de fruta, unos bocadillos de atún que tienen muy buena pinta y unas jarras de agua fría con limones dentro.

¡En casa de Carlota también comen sano!
¡Por suerte, de postre hay un pastel de chocolate!
Carlota dice orgullosa que lo ha hecho ella sola.
¡Bruno ya temía que no hubiera «extras»!

MÒNICA PEITX es pediatra especializada en Endocrinología y Nutrición, y trabaja en Barcelona. En el 2008 escribió su primer cuento, para niños con sobrepeso y obesidad: *El cuento de Max*, embrión del cuento que tienes entre tus manos. Lo siguieron el *Cuento de Aina*, sobre la diabetes, y *El cuento de Quim* que habla de la altura. Publica en Editorial Juventud, *Mía se hace mayor* (2016), ganador del premio Crítica Serra d'Or, y *Bruno se hace mayor* (2018), sobre la pubertad. Estos títulos se han vuelto libros de referencia para muchos niños y niñas, y se han traducido a 10 idiomas.

CRISTINA LOSANTOS es licenciada en Bellas Artes por la Universidad de Barcelona. Desde 1985 se dedica profesionalmente a la ilustración, y trabaja para muchas editoriales españolas y europeas. Colabora regularmente con revistas y diarios, como el *Avui*, *Cavall Fort* y *El Tatano*. En 1998 obtuvo el 2.º Premio Nacional de Ilustración otorgado por el Ministerio de Cultura, y en 2007 el 1.er premio del Concurso de Humor Gráfico Deportivo, convocado por la Fundación Catalana del Deporte.

10 CONSEJOS PARA LOS PADRES PARA PREVENIR LA OBESIDAD INFANTIL

 Reconoce el esfuerzo y las pequeñas mejoras.

Predica con el ejemplo: sé activo y come fruta y vegetales.

Hacer la compra juntos. Deja que escoja nuevos vegetales para probarlos.

Anímale a que ayude a cocinar.

Comer en familia por lo menos una vez al día.

Ofrece porciones pequeñas.

No premies con comida.

Para beber: agua.

Limita el tiempo de las pantallas.

Asegura las horas de sueño.

¡AYÚDALE A CRECER SANO!

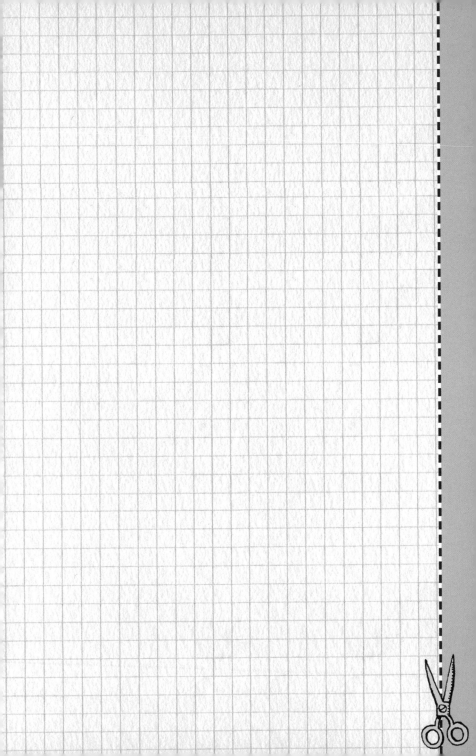

66 *Imágenes de sosiego, de tranquilidad, de disfrute*
y confianza que nos gustan, pues hablan de aceptar
los cambios, de quererse a uno mismo y de
apoyarse en el entorno más cercano. 99
Literatil